AF482847

SAINT GEORGES

MARTYR

Saint Georges naquit vers 280, à Lydda de Palestine (1). Beauté remarquable, haute intelligence, politesse exquise : il plut à Dioclétien qui le créa tribun militaire dans sa garde impériale. (Le tribun commandait 1.000 hommes.) Mais le Sauveur a dit : Le monde qui hait la vérité et la justice, vous haïra, à cause de moi, *odio erilis omnibus propter nomen meum !* Or, un jour, l'empereur, superstitieux comme le sont tous les impies, consultait les dieux, quand une voix de l'abime répondit : *Les justes qui sont sur*

---

(1) Aujourd'hui Loddo, à cinq kilomètres de Ramleh, 2.000 habitants, belle église de Saint-Georges, construite par Justinien.

terre ferment ma bouche et me forcent à mentir.
C'était encore la parole de Jésus : Vous comman-
derez aux puissances ennemies et chasserez les démons. — Hé ! quels sont ces justes ? demande l'impie
couronné. — Les chrétiens, répondit Satan. — Et
bientôt la persécution se ralluma plus terrible que
jamais. Georges, témoin des violences cruelles dont
ses frères en Jésus-Christ, les chrétiens, étaient
l'objet, les blâme avec énergie. Plein d'un zèle divin,
dit le texte (Grands Bolland.) *il arrache et déchire de
ses mains l'édit impie ! zelo quodam divino commotus,
edictum in publico affixum detraxit et tanquam impium
discerpsit.* Mieux vaut mourir, s'écriait autrefois
l'héroïque Macchabée que de voir le temple profané
et de tels maux peser sur le peuple ! *Melius mori
quàm vidére mala gentis nostræ !* Aussi, Georges,
prévoyant d'un coup d'œil l'avenir, donne aux pau-
vres, tout ce qu'il possède : argent, biens, vêtements
même. *Omnem pecuniam et vestem celeriter distribuit.*
Il rend en même temps la liberté aux esclaves qui le
servaient : *servosque libertate donavit.* Ainsi préparé
à la mort, le tribun de la garde impériale, aborde
hardiment l'empereur en personne, plaide pour ses
frères et réclame en leur nom, au moins une part de
liberté puisqu'ils sont « *justes* » c'est-à-dire innocents :
« Jamais, prince, il n'a été permis de frapper un innocent et Dieu venge tôt ou tard l'innocence opprimée.
Le Christ est le seul Seigneur dans la gloire du Père.

C'est par lui que tout a été créé et l'univers est régi et conservé par son même Esprit. *Omnia Spiritu Sancto ejus reguntur et conservantur.*

> « Apprenez, grands du monde, et n'oubliez jamais
> Que les rois ont au ciel un censeur sévère,
> L'innocence un vengeur et l'orphelin un père. »

L'empereur qui l'aimait, répondit : Jeune homme, songe à ton avenir. — C'est ce qu'on répète encore aujourd'hui : mettez vos fils aux écoles impies de l'Etat, menez vos filles au théâtres: *songez à leur avenir !* — Insensés ! L'avenir, c'est la justice de l'Evangile, c'est la foi chrétienne qui fleurit dans leurs âmes ! L'avenir, c'est la douce paix de la conscience qu'occupe l'Esprit-Saint ! L'avenir demain, c'est aussi la mort, le jugement, le Paradis ou l'Enfer ! L'avenir c'est la très douce et sainte volonté de Dieu, notre Père ! L'avenir enfin c'est la liberté de l'innocence ou mieux, c'est l'innocence qui est la liberté. Aussi Georges qui a la fortune, une famille, un nom, répondit-il au prince par le sourire. Il va répliquer, quand le tyran le fait violemment saisir et jeter en prison. C'est toute la liberté que les méchants qui n'ont que ce temps qui passe et ce monde qui périt, laissent au juste qu'ils oppriment ! Entraves aux pieds, pierre sur la poitrine, cachot. Il ne cessa, dit le texte, de rendre grâces à Dieu. *Non destitit gratias agere.* Mais le lendemain, conduit au tribunal, le saint jeune homme demeure inflexible aux promesses comme aux menaces. Le vrai chrétien n'a qu'un avenir : le ciel ! Dioclétien le fait donc attacher à l'intérieur d'une large roue, armée de pointes d'acier qui, en tournant, déchirait ses chairs. Et des hommes féroces, poussés par Satan, l'éternel ennemi du genre humain, ont fait cela contre des hommes ! Mais le Sauveur a promis de soutenir ses combattants. « *Ne craignez pas ceux qui peuvent tuer le corps.* » Il lui envoya son Ange, l'Ange du martyr. Une voix venue du ciel et entendue de la multitude, *vox desuper emissa quam multi audierunt*, disait : *Georges, ne crains rien : je suis avec toi*. Alors un personnage surhumain, vêtu d'une robe blanche, brillant comme un soleil, *vir candidis vestimentis indutus, facie coruscanti*, lui tendit la main et l'embrassa *manum martyri porrexit et ipsum amplexus*. Nul n'ose approcher. La roue s'arrête et le héros est, dans un moment, guéri de ses blessures. Aussi, l'effroi gagne-t-il l'âme même de ses bourreaux et le spectacle convertit deux préteurs (1) : Potoleur et Anatolius qui bientôt ont l'inénarrable bonheur de cueillir la palme du martyre. — Enfin l'empereur essaie une dernière fois la douceur : *Omni cum mansuetudine*. — Tout ce que vous pourriez me donner, répond le chrétien, est caduc et fragile par sa nature

______

(1) Magistrats qui rendaient la justice et gouvernaient au besoin des provinces.

même et fuira comme un songe, *illud quo nunc poteris,
cum sit caducum et fragile, celeriter corruit atque
dilabitur.* — Conduisez-moi cependant au temple. Je
désire voir aussi et de près vos dieux. — Il cède, il
est vaincu ! se dit-on. Et la multitude accourt pour être
témoin du spectacle. — Arrivé devant l'autel, il approche
de l'exécrable idole qui le surmonte, étend vers elle
la main droite, puis s'adressant au simulacre impie,
il dit : Veux-tu réellement que je te fasse des sacrifices comme au Seigneur ? Parle ! *Ecquid a me sacri-
ficium vis suscipere ut Deus ?* Forcé de répondre à cet
ordre, Satan répondit : *Non ! car il n'y a point d'autre
Dieu que Celui que tu prêches et je ne suis point Dieu !
Non sumus Dei. Unus est Deus quem tu prædicas.*
D'anges, nous sommes devenus démons et c'est par
envie que nous trompons les hommes. *Ex Angelis
apostatæ ob invidiam homines decipimus.* — Comment
oses-tu, moi présent, continuer d'habiter ces lieux ?
— A cette parole de menace, on entendit soudain des
voix confuses et lugubres et horribles qui s'agitaient,
qui sortaient tumultueusement des idoles. Les statues
en un moment tremblent, tombant avec fracas
comme sous un coup de tonnerre, brisées, gisant sur
le sol. Les miracles n'ont jamais converti les pervers :
il faut être digne de la vérité et de Dieu ! — Rougis,
dit hardiment Georges à l'empereur, rougis de mettre
ta confiance en de telles divinités ! — A ce moment,
l'impératrice Alexandra s'avance, se jette aux pieds

du martyr, insulte à la démence des tyrans : *Tyranni dementium conspuebat,* couvrant de malédictions les dieux et leurs adorateurs ! Et le Seigneur permettait ces spectacles pour l'instruction du monde. Le tyran, en fureur, les condamne à mort tous les deux : *Georgium cum Alexandrá Imperatrice gladio obtruncari jubeo !* Conduite à la mort, elle priait d'une âme joyeuse, dit le texte (Grands Boll.). On voyait ses lèvres remuer et ses yeux étaient fixés au ciel. Elle demande à s'arrêter en chemin, s'assied, incline sa tête sur ses genoux *et rend doucement son âme à Dieu !* Georges, joyeux, fit cette belle prière : « Recevez mon âme, Seigneur Jésus ! voici ma dernière heure... vous êtes glorieux seul et bon dans tous les siècles !... » Il fut décapité, le 23 avril 313, à Nicomédie (Asie Mineure). Annibal y était mort et le féroce Dioclétien y avait fixé sa résidence et son règne fut appelé l'*ère des martyrs.*

Culte

Or, moins de deux cents ans plus tard, *Paris honorait déjà l'héroïque Tribun* de la garde du Christ. Sainte Clotilde lui fit même élever des autels. La chapelle de l'abbaye de Chelles qu'elle fit bâtir fut placée sous son vocable *Cœnobium in honore Sancti Georgii, sacrarum virginum construxit* (Grands Boll.) Saint Grégoire de Tours écrit (VIe siècle) le *culte de saint Georges* est fort célèbre en Gaule. L'abbaye de Saint-Vincent — plus tard Saint-Germain des Prés, — possédait de ses reliques. Fortunat de Poitiers a laissé une poésie *sur une chapelle Saint-Georges* :

Martyris egregi pollens micat aula Georgi
Cujus in hunc mundum spargitur altus honor !
Carcere, cæde, fame, vinculis sile, frigore, flammis,
Confessus Christum, duxit in astra Caput.

Au Xe siècle enfin, *une église Saint-Georges s'élevait hors les murs de Paris*, sur le chemin de Saint-Denis, entre Saint-Leu et le Saint-Sépulcre. *Il est*, on le sait, *le patron des guerriers*. Il apparut à l'armée des Croisés, avant la bataille, sous les murs d'Antioche (1098) ; puis une deuxième fois, on le vit éclatant au front des bataillons de Richard Ier, roi d'Angleterre, marchant contre le Turc impie, profanateur des saints Lieux (Boll.). Cette double victoire, remportée sur les ennemis de la foi chrétienne, attesta son pouvoir au ciel. Constantinople qui posséda plusieurs églises sous son vocable, l'appelait *le grand martyr*. Il fut le premier patron de la république de Gênes. L'Angleterre, avant le schisme qui la perdit, avait une grande dévotion à saint Georges. — Deux ordres de chevalerie, portèrent son nom. — Le concile d'Oxford (1222) décréta même que sa fête serait chômée et d'obligation.

Pèlerinage.

L'église Saint-Georges de Paris s'élève rue Bolivar, près des Buttes Chaumont. Elle est assez vaste et religieuse. — A gauche, près l'angle du chœur, vous apercevez *la statue du Saint* sur un piedestal, quelques cierges brûlent à côté. Il est vêtu en soldat romain, l'auréole du martyr environne sa tête. La figure de face et vue d'assez près, est agréable, presque souriante. De sa lance qu'il tient des deux mains, il frappe un hideux dragon couché à ses pieds, symbole du paganisme impie, lâche et cruel, dont la mort du martyr devait précipiter la défaite. L'édit de Milan (313) signé de Constantin victorieux, va sous peu substituer enfin la croix de Jésus aux aigles romaines la sainte liberté à la violence et la vérité à l'erreur ! Dans le chœur, à gauche, *le dimanche qui suit sa fête* — sur un petit autel, — la belle et grande châsse avec *quatre parcelles précieuses des saintes Reliques du*

héros. On lit : *ex ossibus sancti Georgii mili.* **M.**
A côté, un fragment d'étendard : *ex vexillo sancti
Georgii.*

PRIÈRE

O Dieu *qui réjouissez nos âmes par les mérites et
l'intercession du bienheureux Georges,* votre martyr,
accordez-nous, avec bonté, d'obtenir, comme dons
précieux de votre grâce, les bienfaits que, *par lui,*
nous sollicitons humblement de Notre-Seigneur Jésus-
Christ.

CAPITULE

Les justes s'élèveront alors avec une grande har-
diesse contre ceux qui les ont accablés d'afflictions.
Ils insulteront à ceux qui ont ravi le fruit de leurs
travaux. (Sagesse). — Le Seigneur sera consolé dans
ses Saints !

HYMNE D'UN MARTYR

Dieu, qui, seul, es le prix, la couronne et la gloire
    De tes divins soldats,
Nous chantons d'un martyr la sanglante victoire ;
Des liens du péché, viens dégager nos pas.
Ce saint vit le néant des faux biens de ce monde
    Qui fascine nos yeux,
Il vit que ses plaisirs s'écoulent comme l'onde,
Et méprisant la terre, il mérita les cieux.

Intrépide, il garda dans ses douleurs extrêmes,
  Une invincible paix.
Et scellant de son sang, tes oracles suprêmes
Mort pour toi, dans le temps, il vivra pour jamais !
Fais donc voir, ô Sauveur, dans cette illustre fête
  Que ce saint vit pour nous.
Et si, ta foudre au ciel, menace notre tête,
Que le sang du martyr arrête ton courroux.
  Gloire au Père...

Quelques mots sur l'église.

Construite il y a vingt-cinq ans. Quatorze arcades ogivales séparent la grande nef des bas côtés terminés par deux chapelles. Au-dessus des arcades, côté de la grande nef, les quatorze stations du chemin de la croix, peintes sur le mur. Au chœur, quatre sujets : Sainte Anne et Notre-Dame enfant, très agréable à l'œil ; saint Jean communiant la très sainte Vierge, très pieux ; le Sacré-Cœur et saint Dominique. Un des vitraux, à droite, représente saint Georges. Derrière et au-dessus de l'autel, une inscription en marbre. On lit : *Ces trois vitraux ont été donnés par M*ᴵˡᵉ *Darboy, en mémoire de Mgr Georges Darboy, archevêque de Paris.*

Dans le personnage d'un saint évêque, au vitrail de gauche, on reconnaît le Cardinal Langénieux. On m'affirme encore que le saint Nicolas de la fenêtre qui fait face à la chaire, est la figure, mais un peu pâle et défaite de Mgr Darboy.

Saint Georges dont le cœur fut si parfaitement détaché des biens de la terre, des soucis de la fortune misérable que les hommes recherchent avec fureur, vous qui disiez aux puissants de ce monde que tout ce qu'ils peuvent offrir est caduc et fugitif, vous qui avez montré tant d'énergie à défendre l'innocence et la vérité chrétienne, qui enfin n'avez rien sacrifié à l'esprit du monde, priez, priez pour nous ! Protégez nos âmes, nos familles et cette ville qui depuis treize siècles, vous a toujours honoré ! (1)

---

(1) Tout près, la rue du célèbre *Gibet de Montfaucon !* On savait autrefois donner de grands et salutaires exemples au monde. Un poète a dit avec une grande vérité :

Cum feriunt unum, non unum fulmina terrent,
Junctaque percusso turba pavere solet.

Les foudres de la justice frappent un coupable : mais en atteignent, en effrayent un grand nombre. La foule, à la vue du châtiment, a coutume de trembler ! La crainte, au fait, depuis la chute, est devenue et reste le commencement de la sagesse. On retenait par là, la masse, sur la pente du crime où glisse sans fin l'esprit dévoyé de l'homme. L'espérance et la foi le rappelaient nécessairement à nos pères meilleurs que nous parce qu'ils étaient plus chrétiens : *Sensus et cogitatio humani cordis in malum prona sunt ab adolescentia* (Genèse, VIII, 2). Je trouve dans un ancien auteur (Magny) qui de ses yeux put voir le gibet, un long article que j'analyse dans l'intérêt du pieux pèlerin.

« MONTFAUCON (*Gibet de*) éminence, située au delà du Fauxbourg S. Martin et de celui du Temple. *Gibet*, arabe, signifie montagne, lieu patibulaire. Anciennement les exécutions se faisaient sur des lieux élevés, afin que l'exemple fût vu de plus loin, et que la terreur du supplice détournât du crime ceux qui avoient du penchant à le commettre.

Pierre de la Brosse, favori de Philippe le Hardi fit bâtir ce gibet.

C'était une masse de pierres, accompagnée de seize piliers, où conduisoit une rampe aussi de pierres, assez large, et qui se fermoit avec une bonne porte. Cette masse étoit un parallélogramme haut de deux à trois toises, long de six à sept, composé de dix ou douze assises de gros quartiers de pierre, bien liés et bien cimentés, chacun pilier de trente-deux pieds de hauteur. Or, pour y attacher les corps des Suppliciés, on avoit enclavé dans leurs chaparons deux gros liens de bois qui avoient des chaînes de fer d'espace en espace. Au milieu, une cave pour recevoir les corps des criminels, lorsqu'ils tomboient en pièces. Présentement (1775) la cave est comblée, la porte de la rampe est rompue, et les marches de la rampe sont brisées.

Pierre de la Brosse, Barbier et Chirurgien de saint Louis, fut pendu à ce gibet en 1227, en présence des ducs de Bourgogne et de Bretagne. Il avoit empoisonné Louis de France, fils aîné du Roi et d'Isabelle d'Aragon.

Enguérand de Marigny, fut condamné à être pendu au gibet de Montfaucon, dont on dit qu'il avoit été un des restaurateurs.

Henri Tapperel, Prévôt de Paris, fut pendu à Montfaucon en 1320, pour avoir fait mourir un innocent qu'il substitua en la place d'un riche coupable, qui, pour ses crimes, avoit été condamné au dernier supplice.

Girard Guecte, Auvergnat de basse naissance, employé dans les finances sous Philippe le Long : ayant détourné les finances du Trésor royal. Son corps fut traîné par les rues et ensuite pendu à Montfaucon, l'an 1322.

Jourdain de Lisle, convaincu de dix-huit crimes capitaux, cité à Paris, emprisonné, traîné à la queue des chevaux, et pendu à Montfaucon, le 7 mai 1323.

Pierre Remi, fut accusé de malversation après la mort de Charles le Bel, dont il avoit été Trésorier, et il fut condamné à être pendu, par Arrêt du Parlement du 25 avril de l'an 1328 ; au *gibet de Montfaucon* qu'il avait fait réparer peu de temps auparavant. Ainsi fut vérifiée la prédiction qu'on avoit, dit-on gravée, sur le principal pilier :

> *En ce gibet ici emmi,* (au milieu)
> *Sera pendu Pierre Remi.*

Olivier le Dain fut pendu à Montfaucon.

Jacques de Beaune, Seigneur de Samblançay, Sur-Intendant des finances, fut pendu à Montfaucon, le 14 d'Août de l'an 1527.

Le corps de l'amiral Coligni, révolté et chef des révoltés contre l'autorité royale, fut attaché à Montfaucon, le 24 août 1572... »

L'Esprit-Saint a dit : *Ce n'est pas sans motif que le prince porte le glaive et frappe; non enim sine causâ princeps gladium portat.* Il est le ministre de Dieu pour la justice et le vengeur des lois outragées. Veux-tu n'avoir rien à craindre de sa puissance? Fais le bien et tu recevras la louange de l'autorité elle-même. *Vis erga non timère potestatem? Bonum fac et habebis laudem ex illâ.* (Rom., XIII, 3-4).

APPENDICE

———

LE MARTYRE

SES AUGUSTES PRIVILÈGES

———

Plusieurs saints martyrs, saint Denis, saint Eugène, saint Eustache, se sont déjà rencontrés sur le chemin de nos pèlerinages. — Saint Georges, à son tour, arrive aujourd'hui, 23 avril. Nous croyons faire plaisir au pieux lecteur, en donnant, ici, le résumé de la très sainte, si belle, consolante et profonde doctrine de l'Eglise sur le martyre, ses privilèges et l'auréole magnifique qui le couronnera dans l'éternité (1).

---

(1) Nous avons publié, il y a 2 ans, le beau travail de Tertullien dont on a dit « l'Apologétique est une œuvre qui ne sera jamais dépassée. » (*L'Apologétique*, les Arguments de Tertullien contre le Paganisme : Exposition de la Vérité Chrétienne avec texte latin retouché et quelques notes : deux appendices : 1° la Religion de la Rome payenne ; 2° le Martyre Chrétien. Deux tables.) Nous avons résumé l'ouvrage et retouché le latin pour les classes. Jamais la raison et la foi réunies n'ont vengé l'innocence et la vertu, avec plus de vigueur et d'éclat : « Vos dieux dit-il aux magistrats, sont des démons. Amenez le premier chrétien venu. Il leur commandera de parler, de confesser qui ils sont et ils parleront et confesseront leurs mensonges... Il termine enfin par ces belles paroles : Courage donc, vaillants magistrats, immolez-nous, condamnez-nous, tourmentez-nous, déchirez, écrasez-nous : le stupide peuple vous acclamera ! Votre iniquité prouve immortellement notre innocence. C'est pour cela que Dieu souffre que nous souffrions. Naguère, jetant une chrétienne (sainte Agnès) au mauvais lieu plutôt qu'au lion, vous prouviez vous-mêmes que la perte de la vertu est pour nous plus redoutable que la mort la plus affreuse. Oui, telle votre iniquité et telle notre justice ! Et cependant vos cruautés les plus ingénieuses, les plus honteuses, les plus étudiées sont comme un charme mystérieux et nouveau qui attire au christianisme. Nous augmentons chaque fois que vous nous moissonnez : *le sang chrétien est une semence !* Cicéron, dans ses Tusculanes, Sénèque, dans ses événements fortuits, Diogène, Pyrrhus, Callimaque ont exhorté les hommes à souffrir la douleur. Leurs paroles éloquentes cependant ont fait moins de disciples que la seule conduite silencieuse et héroïque du chrétien n'a donné de fidèles à l'Église ! L'obstination, cette même obstination que vous nous reprochez, est bien la maîtresse de l'âme des hommes dignes de ce nom, car, en la voyant, l'homme se sent pressé de chercher, de connaître ce que le martyre cache en lui-même. Or, qui le recherche le trouve, et qui le trouve ambitionne aussitôt de souffrir pour Dieu. Par là, il se concilie aussitôt la faveur et toute la bienveillance du Ciel : il obtient la miséricorde divine et, par l'effusion de son sang, il paie en un moment et à la fois le rachat et le prix de toutes ses fautes. Car le *martyre accepté, souffert, subi pour Dieu, efface tout.* Vous comprenez maintenant pourquoi vos sentences de mort appellent, provoquent nos

1º Définition du martyre.

1º *Le martyre*, acte de la force chrétienne, animé par la foi, vivifié par la charité, *consiste*, en face des persécutions injustes et violentes, *à rester*, jusqu'à la mort inclusivement, *ferme, inébranlable dans la Justice et la Vérité*, commandées par l'Evangile : *Martyrium virtutis actus quo aliquis contra persequentium impetus firmiter in justitiâ et veritate permanet* (saint Thomas). Par le martyre, le chrétien souffre, d'une manière calme, résignée au moins et juste, les injustes violences du monde : *consistit in debitâ passionum injustè inflictarum sustinentiâ* (idem). Bienheureux ceux qui souffrent persécution pour la Justice ! Bienheureux, non dans le malheur présent, mais dans la gloire future et éternelle qui en sera la récompense ! Martyrs, les plus grands des héros qui aient paru dans l'histoire ; car la force morale l'emporte incommensurablement sur la force physique, propre de la bête et de la brute qui tue sans remords. Ainsi le chrétien demeure ferme dans la justice, en face des prisons, du glaive, de

---

actions de grâce. En vérité, les jugements des hommes et ceux de Dieu diffèrent à ce point que, quand vous nous condamnez comme les derniers des criminels, Dieu nous absout aussitôt comme les premiers des innocents !

l'échafaud, de la mort. Le martyre est donc un acte de force, puisqu'en souffrant, puisqu'en mourant, le chrétien résiste de tout le poids de sa vie humaine contre la violence sans mesure ; c'est un acte de foi, puisqu'il résiste pour garder inviolable la loi révélée, objet de sa foi : *parati sumus magis mori quàm Dei patrias leges prævaricari* (Macch.) ; c'est enfin un acte de charité, puisqu'il résiste pour l'honneur et l'amour de Dieu qui commande, qui lui dit : « Ne crains pas ceux qui peuvent tuer le corps, » (S. Math. x). Dieu enfin qu'il espère, Dieu qu'il attend derrière les horizons sanglants de la mort cruelle qui s'avance. — 2° Le combat se livre contre les puissances humaines : tyrans impies, rois cruels, foule abjecte et persécutrice des saints : Antiochus, Néron, Elisabeth d'Angleterre, la Révolution, le protestantisme, les czars. « Céleste combat qui fit l'admiration du monde : les serviteurs du Christ-Martyr, ont paru dans l'arène, le front libre, la parole libre, sans crainte, beaux d'une âme inaltérable et manifestant une force toute divine. » *Cœleste prælium admirans multitudo : steterunt servi Christi, voce liberâ, mente incorruptâ, virtute divinâ.* (S. Cypr.) Et l'invincible force qui naît, qui vit de la grâce les tient jusqu'au dernier soupir unis, attachés à la Justice, don de la Foi, joyau du baptême. Et la Force est le moteur immédiat du martyre : *actus fortitudinis martyrium.* (S. Th.) La Charité l'anime, l'informe comme l'âme informe le corps de l'homme,

pour en faire, pour en composer — Force, Grâce et
Foi réunies dans la Patience — un acte d'éclatant et
éternel mérite. Ainsi la Patience, qui aide la Foi à
résister au persécuteur, est digne des plus grands
éloges. — 3° De tous les actes de vertus possibles
à l'homme voyageur, le martyre manifeste davantage
la perfection de la Charité, reine des vertus. Il
exprime bien et réellement le dernier degré possible
du respect, de l'attachement, du dévouement légitime,
nécessaire de l'homme à son Dieu. Au fait, par le
martyre, l'homme immole, il sacrifie sans retour, il
livre à Dieu ce qu'il a de plus cher au monde : repos,
famille, honneur, biens de la vie, vie elle-même, bien
des biens, puis il accepte, en échange, ce qu'il y a
de plus difficile : l'injure, la prison, la perte des siens,
et de sa liberté, la faim, les chaînes, l'esclavage, la
mort enfin sous l'effroyable appareil des derniers
supplices.

Huic oculi effossi, dentes huic ore revulsi ;
Hic tunsus saxo, hic specula dejectus ab alta ;
Hic trabe suspensus recta ; huic lingua resecta est.
Victricem adspicias diverso funere gentem...

Bencius.

(Vie des Saints : sainte Catherine d'Alexandrie...
Visiter, à Paris, la salle des Martyrs, Missions étran-
gères, rue du Bac.) — Or, on ne peut offrir à Dieu
ni à ses amis le témoignage d'un dévouement plus

grand que n'est celui de donner sa vie pour eux : *Majorem caritatem nemo habet quam ut animam suam ponat quis pro amicis suis...* (N.-S.) A la charité parfaite s'unit l'obéissance la plus entière. Pour obéir à la loi de Dieu, à sa conscience, le Martyr, à l'exemple du Roi des Martyrs, se fait obéissant jusqu'à la mort : *factus obediens usque ad mortem ;* car le chrétien se trouve, il peut se trouver dans une situation telle que le refus de mourir pour la foi constituerait l'apostasie, le plus grand des crimes : renier la vérité connue pour quelques joies et quelques biens de cette vie misérable qui n'est qu'un chemin par où l'on va à la mort. Les empereurs payens : « Renonce à la foi chrétienne ou meurs ! » disaient-ils. Les czars, Elisabeth d'Angleterre : « Reconnais-moi comme successeur de Pierre, renonce à Rome ou meurs ! » Ils choisirent de mourir !

> Ils m'ont dit : Sois renégat ou victime.
> « J'ai choisi l'échafaud et leur laissai le crime. »

4º Dans l'acception rigoureuse du terme, il n'y a pas de martyr sans la mort réelle, réellement reçue, subie pour garder, pour défendre la foi, *Et mortem Christi pro nomine passi.* Le martyre est le témoignage, non de la volonté, non du cœur même, mais du sang donné à la foi. *Imperium meruere poli, sed sanguine fuso.* La foi nous enseigne à mépriser les biens visibles et passagers qu'éclaire le soleil visible

et passager, pour les biens éternels et invisibles.
Toutefois mourir plus tard, mais mourir d'une mort
précipitée, avancée, mourir des suites de blessures
reçues pour la foi, c'est tomber martyr (saint Marcel,
saint Pothin, sainte Cécile). La mort subie dans ses
causes, acceptée pour l'amour de Dieu, constitue
seule le martyre. *Ad perfectam martyrii rationem
spectat ut aliquis mortem propter Christum vel Deum
sustineat* (saint Thomas). *Ante diem occumbunt, at reli-
gionis amore.* Tant que la vie lui reste, l'homme n'a
pas prouvé encore qu'il préfère absolument le ciel à
la terre, Dieu au monde. L'homme est à ce point rivé
à l'existence que, pour la conserver, il accepte la perte
de tout : parents, amis, biens, et supporte volontiers
toutes les douleurs (Job). Mais, par le martyre, il
offre sa vie et accepte, en fait, de souffrir la mort
immédiate pour la cause de Jésus-Christ (2ᵃ sdæ.
q. CXXIV).

*Pro Christo innocuum fuderunt morte cruorem
Nec ferrum aut flammas metuunt morsusque ferarum.*

(Vida.)

5° Dans le monde, on nomme quelquefois martyre :
a) La vie humaine en général ; mais non, car, dans
la coupe mélangée de l'existence, elle a ses fêtes et
ses joies et sa mort n'est ni avancée d'un jour, ni
offerte en sacrifice à la loi. *b)* L'obéissance aux lois

civiles, religieuses... mais non, car que de biens réels, de véritables douceurs naisssent de cette obéissance qui est l'ordre établi de Dieu. *Obedite præpositis vestris* (saint Paul). Puis, la mort reste toujours naturelle sans l'hommage d'une seule heure fait à l'Evangile. *c)* La vue des douleurs, des maux, des supplices même imposés aux autres ; mais non, car le martyre, ni la vertu, ni les épreuves du prochain, ne peuvent nous être imputés à mérite. La mort ne vient encore qu'à son jour naturel et s'éteint tranquillement sur elle-même. *d)* Martyre enfin les misères incessantes qui accablent l'infirmité de quelques privilégiés de la douleur. Mme Ozanam, mère du grand écrivain, « s'attendait chaque jour à un malheur plus grand que celui de la veille » (sa Vie, par son fils) ; mais non, car ces malheurs, quels qu'ils soient, sont, en nous, la suite de notre mortalité malheureuse et déchue par Adam et qui se révèle et relève aussi dans la douleur ; et Dieu quelquefois destine une âme à servir d'exemple aux autres. Tobie, devenu aveugle, subit l'épreuve pour donner à la postérité un grand exemple de patience, comme Job l'avait donné avant lui. *Ut posteris daretur exemplum patientiæ sicut et sancti Job ;* mais non, car ces maux ne nous atteignent ni comme conséquence de notre foi, ni par la volonté perverse des méchants, ainsi que le supplice atteint les Martyrs ; mais non enfin, car, sans la foi divine, ces maux privés d'espérance et du secours de Dieu, seraient plus grands et quelquefois insupportables même à notre faiblesse.

6° Mais on vous frappe traîtreusement, on vous égorge, on vous fusille comme chrétiens — les trois cent mille Arméniens massacrés naguère par le Turc immonde et féroce : l'Europe prétendue chrétienne, laissant faire en paix le bourreau de Constantinople. — Oh ! Vous êtes bien martyrs et témoins du Christ béni ! L'éternelle joie promise au plus grand des triomphes vous est acquise pour jamais ! *Illi autem sunt in pace !* Mais sans me connaître et dans la rue, si vous voulez, on me poignarde comme prêtre, le saint habit que je porte me désignant seul à la haine d'un forcené, turc, protestant, impie ; alors c'est bien l'honneur et l'inénarrable grâce du martyre que Dieu m'accorde : « Le monde vous haïra à cause de moi... Tressaillez d'allégresse car votre récompense est grande au ciel ! » (Notre-Seigneur.) — Je deviens le témoin bienheureux de l'Évangile, à tous les témoignages duquel j'ajoute le témoignage de mon sang versé sur ses pages sacrées. On vous arrête, on vous frappe, on vous guillotine, comme religieuse (carmélites de Compiègne, 1794), ou encore, dans la paix du foyer, vous vous laissez tuer plutôt que de perdre la chasteté, de commettre une seule faute grave et même de dire un mensonge. Vous êtes martyr encore, et témoin de la justice éternelle, de la vérité et de Dieu. Toute vérité, même mathématique, géométrique, historique, considérée comme telle, ayant Dieu pour base et sa loi pour appui... l'homme qui accepterait la mort, refusant jusque-là d'altérer par le mensonge cette même vérité parce qu'elle procède de Dieu, Vérité universelle, serait-il martyr? Une des victimes de Quiberon, interrogée par le conseil de guerre qui doit la fusiller, répond, pour ne pas mentir : « Oui, j'avais quatorze ans depuis trois mois, quand je quittai la France. » Les trois mois qu'il avouait, il le savait, devaient, dans une heure, le conduire à la mort. Il mourut! — Saint Thomas répond : « Non seulement la foi, mais *toute vertu*, pourvu qu'elle se rapporte à Dieu, est cause suffisante du martyre. Refuser de mentir contre une vérité quelconque, le mensonge envisagé comme acte opposé à la loi divine, peut donner lieu à la gloire du martyre. *Non tantùm fides sed omnium virtutum opera... vitatio mendacii contra quamcumque veritatem, in quantùm mendacium est peccatum divinæ legi contrarium, potest esse martyrii causa.* — Mais on vous frappe comme chrétien, on vous jette en prison où vous mourrez de mort naturelle, vous êtes confesseur de la foi, mais non martyr.

2° Privilèges du martyre : le ciel immédiat, l'auréole.

Supposé, par l'attrition au moins, la disposition suffisante du cœur attaché à Dieu, toute faute aussitôt, toute dette restée jusque-là due à la justice divine, sont, sur l'heure, sont absolument effacées. Le sang qui coule pour la cause de Dieu lave jusqu'aux derniers replis de l'âme qui s'envole de la prison où elle s'éteint des suites de ses blessures, de l'échafaud ou du coup de poignard, dans la rue, où elle succombe, l'âme, empourprée de son sang, va droit au paradis. Et il y a une grande fête au royaume des Bienheureux, qui s'avancent au devant d'elle avec des palmes et des couronnes. *Vulneribus veneranda suis palmisque superba — agmina ! — Hi sunt qui venerunt de tribulatione magna, vicerunt bestiam et dealbaverunt stolas suas in sanguine.* L'attrition seule, unie à l'absolution, efface toute faute grave. Le sacrifice de la vie, le martyre, par amour pour Dieu, n'aurait pas d'avantage ? Si, car il renferme au dernier degré cette puissance sanctifiante, purifiante et blanchissante qui rachète les mauvais jours dans l'hommage de l'existence offerte en holocauste à la majesté divine. Le temps des martyrs n'est heureusement pas clos, comme on l'a dit sacrilègement. Il ne le peut être, il ne le sera qu'avec le monde. La vérité, l'Evangile aura ses témoins sanglants jusqu'au dernier des jours : « Vous serez persécutés, haïs, à cause de moi. » (Notre-Seigneur). — Rien ne sera comparable aux massacres de la fin des âges. Hénoch et Elie, eux-mêmes, seront mis à mort, égorgés. Et l'Antéchrist nagera dans le sang des saints : suprême hommage à la vérité, à la parole de Dieu, suprême honneur à sa sainteté, avant que le temps qu'il a créé n'ait replié pour jamais ses ailes et vu s'ouvrir devant lui les portes bienheureuses de l'éternité !

Per mille mortes multiplex oblata Deo victima !
(Santeuil.)

3° L'auréole.

La béatitude est la joie de l'union suprême de l'âme avec Dieu, source de délices éternelles. Or, cette félicité générale, commune aux élus, est symbolisée par une couronne d'or. Dieu, roi suprême, fait, par la couronne qu'il leur donne, participer les élus à sa royauté même. Mais l'auréole, différente de la couronne, ajoute, à celle-ci, un éclat, une distinction, une joie spéciales, fruit supérieur, récompense exquise aussi d'une victoire exquise et supérieure remportée soit sur les méchants, par le martyre, soit sur la chair, par la virginité conservée dans ce corps de misères, soit enfin sur Satan par la doctrine de la vérité révélée, annoncée, propagée, défendue par les docteurs de l'Eglise. C'est justice. Le martyre est le combat héroïque contre des douleurs qui ont leur siège dans le tact et, par là, sont au-dessus de toutes les douleurs. De la mort même du chrétien naît la victoire, victoire sublime, *perfectissimæ victoriæ* (S. Th.), qui, nous mettant au-dessus des persécutions extérieures, donne aussi droit à une couronne spéciale. La noblesse de la cause pour laquelle on tombe ajoute encore aux mérites des douleurs offertes et souffertes, car cette cause est Dieu lui-même, c'est Notre-Seigneur, en personne, pour l'amour duquel il est si grand de mourir ! L'auréole est au ciel à peu près ce qu'est, ici-bas, la noblesse du sang, la beauté du corps, la distinction, l'éclat de la naissance et de la fortune. Elle rejaillit sur le corps lui-même par une sorte de beauté qui est la gloire propre du corps, comme reflet de la joie intérieure de l'âme, *redundat quidam decor in corpore ex gaudio essentialis præmii.* (S. Th.) Les cicatrices reçues brillent sur le corps des martyrs. Le martyr qui périt dans les flots ou de la faim ou dans la nuit des cachots, possédera l'auréole sans l'éclat des blessures. Et l'Eglise honore à ce point les martyrs du Christ qu'elle les place, dans sa liturgie, avant les docteurs et les vierges. Restent encore et le martyre du cœur, et celui de la volonté où l'on souhaite de mourir pour rendre témoignage à l'Evangile. Le premier peut, sous quelques côtés, être plus douloureux que le martyre même des supplices. Le second peut aussi mériter une récompense supérieure à la mort violente. Ni l'un ni l'autre cependant n'auront l'auréole, gloire exclusive de l'oblation sanglante d'une vie humaine à la Majesté divine. Le désir de mourir pour Dieu recevra une récompense proportionnée à la charité qui l'anima.

Objection. — Notre-Dame, que l'Eglise appelle Reine des martyrs, n'a donc pas au ciel l'auréole des martyrs ? — Réponse. — 1° Elle possède déjà, rejaillissant en lumière incomparable sur son Auguste Personne, la royale auréole de la Virginité la plus éclatante qui se puisse imaginer. 2° Ici encore, comme à sa Nativité divine, Marie est bien au-dessus de la règle commune sous laquelle plient les fils humiliés et malheureux d'Adam. Par l'union que l'exceptionnelle sainteté de son âme immaculée avait établie entre Jésus, son Fils, Roi des martyrs, et elle, sa très sainte Mère, les douleurs qu'elle subit au Calvaire, voyant mourir l'Innocence même, sa Compassion immense, naturelle et surnaturelle aussi, pénétrèrent, déchirèrent, crucifièrent son âme, son cœur et même son corps plus cruellement, plus douloureusement, on peut le dire, que la passion des martyrs ne brisa leurs corps. Le martyr jeté à l'eau ou guillotiné ou frappé au cœur d'une balle souffre-t-il, peut-il donc autant souffrir? Si Notre-Dame ne mourut pas au Calvaire, frappée par contre-coup des mêmes supplices horribles qui faisaient mourir son Fils adorable, ce fut par un miracle qui la réservait, protectrice et mère, aux premières années de l'Église militante. Reine effective des martyrs, Martyre d'âme, de cœur, de volonté, de corps brisé, un glaive percera votre âme : *tuam animam pertransibit gladius* (S. Luc). Elle a mérité réellement aussi la plus éclatante et magnifique auréole que l'œil puisse jamais contempler en Paradis après celle de son Jésus où se trouve la plénitude de la victoire parfaite et l'éternel foyer de toutes les auréoles. *Sanguineo fulgens nimbo Regina resedit !*

4° Privilèges des premiers martyrs.

Les cruautés dont l'auréole est au ciel la récompense dépassèrent tout ce que l'histoire de la tyrannie

offre de plus horrible. *Per mille mortes multiplex
oblata Deo victima. Impietas tormenta per omnia sævit.*
(Sant.) Du côté des martyrs, sérénité, douceur, humi-
lité, sourires, sans efforts ni ostentation ni orgueil,
et, par là, les premiers héros du monde.

*Haud mortem horrescunt pergentque in funera læti
Innumeramque suo parient tibi sanguine gentem
Projecta vitæ et mortis amore superiore !
Mens intacta manet, supera reditque dolores !* (Vida) (1).

Si la prison pouvait s'ouvrir, les diacres, qui servaient de leurs mains la victime auguste de l'autel,
entraient pour servir également ces Victimes humaines
destinées à la mort. On baisait respectueusement
leurs chaînes. On cherchait force et consolation dans
leurs exemples et leurs paroles. Ceux qui, par crainte

----

(1) Joyeux, sans crainte du trépas, ils s'avancent vers la mort,
Ceux-là forment, Seigneur, une innombrable nation de martyrs,
superbes par le mépris de la vie et l'amour de la mort. Leur âme
tranquille se rit des supplices et sourit au trépas. — Un témoin
de 1793 a écrit : « La moitié de ceux que la Révolution envoyait
à l'échafaud y portaient un calme, une résignation, une paix touchante. Entendant prononcer l'arrêt de mort, les uns se conten-
taient d'incliner la tête, les autres disaient : « Dieu vous pardonne
comme je vous pardonne ! J'espère prier pour vous dans le ciel !
*Je vous remercie ! vous ne pouvez rien me faire qui me soit plus
avantageux !* C'est pour ma foi et mon Dieu que je meurs, et je
meurs content ! » On dit un jour à Robespierre : « Un prêtre, à la
Conciergerie, prépare les prisonniers à la mort : il les confesse. —
Laissez-le faire, répondit le monstre d'Arras ; grâce à lui, les con-
damnés vont mourir sans se plaindre. Son tour viendra. » Il ne
vint pas. Ce fut le 9 Thermidor qui éclata soudain sur la tête des
grands scélérats, qui périrent enfin le 28 juillet 1794.

des supplices, avaient eu le malheur de renier la foi
et qu'on appelait, par une touchante charité, *lapsi*,
les tombés et non apostats — leur demandaient une
part de leurs mérites et l'application du fruit de leur
mort prochaine. Le martyr s'engageait, par écrit
(*libellus*), à offrir ses souffrances pour abréger la
juste pénitence imposée. L'Eglise alors, en raison de
cette transmission même des peines du prisonnier,
acceptait l'échange ; elle remettait une partie de la
dette et, peu après, recevait les *lapsi* à la communion
des fidèles. (Ce sont là nos indulgences.) Après le
supplice, on rachetait, s'il le fallait, les corps déchirés
des martyrs, on les ensevelissait honorablement. On
marquait de quelques mots gravés, d'une palme ou
d'une fiole de sang, leurs tombes sacrées. Le jour
anniversaire de leur mort devient un jour de fête. On
disait la sainte Messe sur leur tombe. (En souvenir de
cet usage, chaque autel où se dit la messe aujourd'hui
porte encore des ossements de martyr.) On rappelait
leur mémoire. On composait, on chantait des hymnes
à leur honneur. On lisait au peuple le récit de leurs
supplices. Enfin, chapelles, églises s'élevaient sur le
lieu où reposaient leurs restes dans la paix de l'im-
mortalité. *Illi autem sunt in pace.* Des orateurs
célèbres prononcent leurs oraisons funèbres. L'Eglise,
depuis saint Etienne, premier martyr, garde leur
mémoire à tous, dans son éloquent martyrologe. Le
saint bréviaire enfin contient le récit de leurs vies,

l'éloge de leurs morts et des prières pour obtenir sur nous leur bienfaisante protection. Quels héros humains, dites, reçurent jamais de tels honneurs ? Qui jamais s'agenouilla devant le tombeau d'Alexandre au Bruchium d'Alexandrie, ou celui de Napoléon, aux Invalides ? Tout cela, ombre désolée et je ne sais quel écho d'un bruit lugubre, amer et fatigant qui s'éteint — *et magni nominis umbra !* — Mais vous, Seigneur, le seul saint, le seul immortel, le seul vivant, le seul roi, vous avez honoré incommensurablement et royalement vos amis ! *Nimis honorati sunt amici tui Deus !* Vous seul et votre Eglise, qui est vous-même, dans le temps, savez récompenser la vertu, le mérite, les sacrifices et surtout la mort héroïque, offerte pour votre cause en témoignage à votre divine parole, en holocauste béni, suave, désirable à votre adorable Majesté, en union enfin à votre mort, comme à votre martyre sacré !

Baudouin Ier, fait empereur de Constantinople, 1204, marche sur Andrinople où, défait par Joanice, roi des Bulgares, il se voit jeté, chargé de chaines, dans un cachot. Seul, abandonné, mourant de faim, il reçut bientôt la visite de la reine, princesse tartare, artificieuse, fourbe et vicieuse. Baudouin était distingué et beau. — « Vous pouvez, lui dit-elle, délivrer deux captifs. — Hé ! lesquels ? — Vous et moi : nous fuirons, j'en ai le moyen ; nous irons régner dans vos états. » Le prince laisse échapper un mouvement

d'indignation. « Mais ce seraient là deux crimes ! »
Revenue, le lendemain, elle prie et supplie, conjure
avec larmes puis enfin menace. Elle est toute-puissante
sur l'esprit du faible et cruel Joanice. Baudouin, en
vrai fils de l'Eglise romaine, la rappelle de nouveau
à ses devoirs, à la crainte de Dieu. Joseph, jadis,
avait, en Egypte subi la même épreuve. Au désespoir,
elle accuse enfin le prince du crime même dont, dans
son cœur, elle est dix fois coupable. Joanice invite
ses officiers à un festin, y fait amener le prince,
enchaîné. Les vainqueurs l'accablent d'outrages,
puis lui font couper une partie des bras et des jambes
et jeter dans une fosse où, souffrant d'inexprimables
douleurs, il meurt trois jours après, offrant à Dieu
son martyre et consolé d'avoir préféré la foi, la vertu,
la mort au crime. Quel est le philosophe, le protestant,
le journaliste qui l'eût imité, qui l'imiterait encore ?
Est-il martyr ? Deux fois, de la chasteté et de la
justice. *Beati qui persecutionem patiuntur propter
justitiam ! Gaudete et exultate !*

On peut dire que chaque vertu chrétienne ou morale
a eu, aura toujours ses martyrs. Plusieurs ont refusé,
au prix d'un royaume ou de la liberté, de commettre
le crime qu'elles défendent. Saint Jean-Baptiste
meurt pour défendre l'indissolubilité du mariage ;
saint Thomas de Cantorbéry tombe baigné dans son
sang en défendant les droits temporels de l'Eglise ;
sainte Agnès, en défendant la chasteté ; les prêtres

de Nobé, la charité à l'égard de David fugitif (Bède) ;
les Macchabées, les prescriptions de Moïse ; les
prêtres de la Révolution, la loi ecclésiastique et
divine... et tous pour la foi au Dieu qui est toute
Justice, au Christ béni qui est toute Vérité. Et ils
offrirent en holocauste à la Majesté divine et le souffle
de leur poitrine et le sang de leurs veines !

Baronius raconte (T. VII, p. 91) : Une dame fut
conduite au supplice avec ses deux filles. Sous le
glaive qui vient de les frapper, voyant le sang de ses
enfants couler à flots, la sainte mère s'incline, y
plonge ses doigts, les porte à sa bouche, et, levant
les yeux au ciel : « O Christ souverain ! dit-elle, je
vous offre mon sacrifice, le martyr de mes deux filles
vierges pour vous ! Unissez, ô mon Dieu, ma mort à
la leur et montrez aux habitants du paradis une
mère, tressaillant d'allégresse dans ses enfants
martyrs ! » — Voilà ce que firent, du plus au moins,
les héros que l'éclatante auréole du martyre élève au
premier rang, dans les splendeurs des cieux, élève
au-dessus même des vierges et des docteurs.

Saint-Just. — Impr. Universelle.